MULHER, ESTEJA PRONTA

você só pode vencer o que está disposta a enfrentar

CECILIA SFALSIN

Mulher, esteja pronta © Cecilia Sfalsin, 3/2023
Edição © Crivo Editorial, 3/2023

Edição e Revisão Amanda Bruno de Mello
Capa Fábio Brust e Inari Jardani Fraton - Memento Design & Criatividade
Projeto gráfico e diagramação Luís Otávio Ferreira
Coordenação Editorial Lucas Maroca de Castro

Dados Internacionais de Catalogação na Publicação (CIP) de acordo com ISBD.

S523m   Sfalsin, Cecilia
Mulher, esteja pronta: você só pode vencer o que está disposta a
enfrentar / Cecilia Sfalsin. - Belo Horizonte, MG : Crivo Editorial, 2023.
92 p. ; 14cm x 21cm.
Inclui índice.
ISBN: 978-65-89032-49-6
1. Religião. 2. Evangelização. 3. Religiosidade. 4. Vida cristã. 5.
Mulher. I. Título.
2023-491   CDD 200   CDU 2
Elaborado por Vagner Rodolfo da Silva - CRB-8/9410
Índice para catálogo sistemático:
1. Religião 200
2. Religião 2

Crivo Editorial
Rua Fernandes Tourinho, 602, sala 502
30.112-000 – Funcionários – Belo Horizonte – MG
🌐 crivoeditorial.com.br
✉ contato@crivoeditorial.com.br
ⓕ facebook.com/crivoeditorial
◎ instagram.com/crivoeditorial
🌐 crivo-editorial.lojaintegrada.com.br

5 NOTA DA AUTORA

6 Saudações, mulher!

9 CAPÍTULO 1
VOCÊ NUNCA ENCONTRARÁ UMA
SAÍDA DO ABISMO SE NÃO SOUBER A
RAZÃO PELA QUAL VOCÊ ESTÁ NELE

10 O possível pertence a você,
o impossível pertence a Deus

14 Você só pode vencer o que está
disposta a enfrentar

17 Este não é o seu destino final

21 Com Deus não há o que temer

26 Este é o seu momento, reivente-se!

31 Deus estará nos lugares específicos

35 CAPÍTULO 2
HÁ SEMPRE UMA SAÍDA

36 Da realidade ao improvável

38 Abra o seu coração para Deus

44 Todo esforço é bem-vindo!

48 Posicione-se

51 Deus ama refazer histórias

56 Nada é como antes quando você decide mudar

59 CAPÍTULO 3
LUGAR DE MULHER É ONDE ELA
BATALHA PARA ESTAR

60 Reconheça o seu valor

61 Não seja dominada pelo medo

62 Suas cicatrizes são as marcas do seu sucesso

63 Tudo bem não estar bem

64 Você é uma mulher incrível

65 Impressione-se

67 CAPÍTULO 4
MULHERES INCRÍVEIS

68 Considerações especiais da autora

69 O que seus lábios não expressam
seu corpo revela
Angélica Cristina de Moura Araújo

71 Você é mais forte do que pensa!
Maria Aurelita Tavares (Lita)

73 Dor curada vira força
Léa Madureira

77 Tudo começa por um sonho
Andreia Bassan
(Andreia Basílio dos Santos Arouca)

88 Confia em Deus, mulher!
Yla Fernandes

89 CONSIDERAÇÕES FINAIS

NOTA DA AUTORA

SAUDAÇÕES, MULHER!

Em primeiro lugar, gostaria de me apresentar a você. Não como a escritora Cecilia, mas como a mulher que me tornei após passar por muitas dores, decepções, fracassos e renúncias. Tive que (re)aprender a viver e descobri em mim uma força que jamais imaginei ter.

Começar de novo, entender os desígnios de Deus para a nossa vida, passar pelos processos após o fim de um sonho, de um relacionamento, de um projeto que parecia estar dando certo, nos reerguer após uma perda, uma queda inesperada, uma traição, ou até mesmo uma escolha errada que fizemos, e ter que renunciar a tudo o que acreditávamos ser o melhor para nós para viver o nosso real propósito não é fácil, mas é possível quando se tem esperança e estratégias corretas. Sou apenas uma entre milhares de outras mulheres que passaram por essas fases de transição e que tiveram vontade de desistir muitas vezes por se sentirem cansadas, desmotivadas e pequenas diante de seus sonhos.

Tenho um pressentimento de que, ao ter este livro nas mãos, você pode pensar "Ah! Esse é só mais um livro que lerei entre tantos outros que já me fizeram inúmeras promessas e, no final, nada cumpriram", mas te asseguro que o segredo motivacional não está apenas em ler, mas em absorver os ensinamentos e crer que tudo poderá mudar na sua vida a partir da sua fé e confiança em Deus.

> "Confiar em Deus é algo que precisa ser iniciado a cada dia, como se nada tivesse jeito até então." **(c. s. Lewis)**

Precisamos desconstruir tudo o que construímos em nossa mente através das situações ruins que já vivemos e abraçar o que realmente será importante na nossa nova jornada. A mulher que me tornei carrega cicatrizes que fazem com que se sinta otimista, forte e com a autoestima elevada e protegida, com valores e princípios não negociáveis.

Tenho os meus altos e baixos, mas nunca mais me submeterei a ficar por cima do muro esperando que alguém faça algo por mim. Este livro nada mais é que uma bússola te sinalizando a saída do fundo deste abismo emocional em que você se encontra. Peço-te que respeite cada passo e aprenda com cada lição. Sobretudo, cresça, transforme-se!

Você nunca mais será a mesma! Estaremos juntas nessa jornada, de mãos dadas com o Espírito Santo de Deus e em um único propósito: nos curar e libertar. Mulher, chegou a sua vez! Me dê notícias, tá?!

MULHER, SE RESGATE DA BAIXA AUTOESTIMA, DO DESCASO, DO NÃO RECONHECIMENTO, DA NÃO RECIPROCIDADE E DO DESRESPEITO CONSIGO MESMA. SE ENVOLVA COM A VIDA, SE RELACIONE INTIMAMENTE COM DEUS, SE AME, SE ACEITE E SE VALORIZE TODOS OS DIAS. SÓ VOCÊ SABE O QUE TE FAZ BEM, SÓ VOCÊ ENTENDE O SEU CORAÇÃO E O LIMITE DA SUA FORÇA. SUPERE-SE SEMPRE, VOCÊ É CAPAZ. VENÇA-SE SEMPRE, VOCÊ É INCRÍVEL. JAMAIS ABRA MÃO DOS SEUS SONHOS E PRINCÍPIOS, VOCÊ É SENSACIONAL. SE ABRACE E SE INCLUA EM SUAS ORAÇÕES DIÁRIAS.

MULHER, ESTEJA PRONTA
@ceciliasfalsin

CAPÍTULO 1

VOCÊ NUNCA ENCONTRARÁ UMA SAÍDA DO ABISMO SE NÃO SOUBER A RAZÃO PELA QUAL VOCÊ ESTÁ NELE

O POSSÍVEL PERTENCE A VOCÊ, O IMPOSSÍVEL PERTENCE A DEUS

É importante que você se conheça para saber quem você quer ser e o que você pode ter a partir dessas descobertas. Deus tem uma maneira muito especial de mudar as coisas na nossa vida e sabe exatamente o que fazer para nos conduzir ao Seu real propósito.

Não podemos nos contentar com menos que o melhor Dele para nós e, para que alcancemos este melhor e sejamos transformadas, precisamos passar pelo processo do esvaziamento pessoal, dando liberdade ao Espírito Santo de nos moldar segundo a Sua perfeita vontade.

Espero, de coração, que você se encontre através de cada texto escrito neste livro e possa, de alguma maneira, se reconhecer e se amar pelo que Deus fará de você através das suas tremendas superações.

O possível pertence a você, está sob o seu poder, mas o impossível pertence a Ele, e não tem nada a ver com o que está próximo a nós. Precisamos nos desprender de hábitos e costumes antigos para aprendermos sobre fé, recomeço e nova vida.

Se você me perguntar se estou bem, respondo que sigo acreditando em recomeços, ando me cuidando um pouco mais e estou em processo de crescimento e cura, mas já recuei em algumas decisões por medo de perder e já fiz escolhas erradas por puro capricho emocional.

Mesmo sabendo que os frutos amargos que colhi foram consequências dos meus próprios erros, confesso que isso me fortaleceu um pouco e me ensinou muito sobre automerecimento. Já não abro as portas do meu coração como antes nem permito que as opiniões desenfreadas dos outros me paralisem.

Também não faço questão de estar em lugares que me apertam a alma, tampouco permaneço do lado de pessoas que, por inúmeras vezes, fizeram pouco caso da minha presença.

A vida é muito curta para nos ocuparmos com insignificâncias. Para o seu próprio bem, cuidado com as ilusões e com os lobos disfarçados de ovelhas também. Preserve a sua alma de invasores afetivos, nem todos estão aptos a conhecê-la.

Cuidado, muito cuidado com a sua vida. Você está em processo de mudanças, boas e precisas mudanças, e não pode, de maneira alguma, se perder no caminho por algo ou alguém que só te causou danos. Seja a sua melhor versão e não permita que brinquem com o seu coração outra vez.

Sabe por que sofremos muitas vezes?! Porque depositamos a nossa confiança em pessoas e esperamos que elas sejam leais, honestas e verdadeiras, quando, na verdade, são humanas e, por mais que tentem demonstrar o quanto são solícitas, nos decepcionarão.

Nem todos se importarão com as suas dificuldades quando a necessidade deles for maior que a sua. Portanto, posicione-se em Deus. Algumas mudanças, apesar de serem difíceis, são extremamente necessárias, até mesmo porque não podemos passar uma vida nos lamentando pelo que os outros deixaram de fazer por nós ou nos entristecendo pela deslealdade de alguém. Também não devemos ser pessimistas quanto ao nosso amanhã. Há um jeito certo para tudo.

Deus está te libertando e te ensinando a viver na dependência Dele. Quando você se posiciona e decide viver o melhor Dele, tudo muda.

SEI QUE VOCÊ TEM UM SONHO E ESTÁ À
ESPERA DE ALGUM ACONTECIMENTO NA SUA
VIDA. DEIXA EU TE DIZER ALGO IMPORTANTE:
NADA FOGE DO CONTROLE DE DEUS E NADA
PASSA DESPERCEBIDO AOS SEUS OLHOS.
TUDO QUE PROCEDE DELE TEM TEMPO CERTO
PARA ACONTECER. ELE NÃO FALHA NUNCA.
ELE ESTÁ BEM CIENTE DA SUA SITUAÇÃO
E ESTÁ TRABALHANDO NA SUA CAUSA.
CONFIA! ELE SABE O QUE ESTÁ FAZENDO.

MULHER, ESTEJA PRONTA
@ceciliasfalsin

VOCÊ SÓ PODE VENCER O QUE ESTÁ DISPOSTA A ENFRENTAR

Só Deus sabe dos dias difíceis que passei e das lutas que já enfrentei para chegar até aqui. Ninguém se imagina no fundo do poço. Às vezes somos lançados, outras vezes, inconscientemente, cavamos o nosso próprio poço. Fracassei e tentei me reerguer diversas vezes e os meus maiores erros também foram as minhas melhores experiências, deles extraí muitas lições. Há um motivo pelo qual você caiu neste abismo, e o que eu posso te dizer neste exato momento é que se vitimizar, se culpar ou buscar um culpado por tudo não te fará voltar à superfície.

A dor, o medo, a vontade de desistir da própria vida quando nos encontramos em desgraça emocional são muito grandes. Sair dessa situação requer, além de força e sabedoria, fé em Deus e coragem para escalarmos o caminho de volta sem carregarmos a lama que, por dias, meses ou anos, nos cobriu de muita tristeza. Você só pode vencer o que está disposta a enfrentar. Quando me vi sem saída e sem ninguém por perto, me posicionei.

Não faço ideia do que você está vivendo, não sei quais foram as suas perdas, o porquê das suas feridas e fracassos ou quem te ofendeu, humilhou, prejudicou ou abandonou. Independentemente do que te aconteceu, há uma saída, e é nisso que você deve focar.

No fundo do poço você já está e, por mais difícil que seja para você compreender o meu raciocínio, afirmo que este é o seu melhor momento, esta é a sua grande oportunidade de transformação. As coisas podem sair exatamente como você quer, se estiver disposta a aprender com Deus.

Ninguém sabe, a não ser você, o quanto os seus esforços diários para se manter de pé e parecer bem mascaram a escuridão da sua alma. Eu quero te ensinar, através deste livro e com base no que aprendi, que nem tudo está perdido na sua vida, e que este poço no qual você se encontra não tem fundo. Ou você sobe, ou você se afunda ainda mais.

TEM UMA MULHER INCRÍVEL DENTRO DE VOCÊ QUE MERECE VIVER, RESPIRAR, ACREDITAR MAIS EM SI MESMA, ENTENDE? VOCÊ PODE ATÉ ESTAR MUITO FERIDA, MAS O IMPORTANTE É QUE VOCÊ SOBREVIVEU E ESTÁ PRONTA, SIM, MUITO PRONTA PARA SER QUEM VOCÊ É, PARA RECOMEÇAR. ORGULHE-SE DISSO E AGRADEÇA MUITO A DEUS POR CUIDAR TÃO BEM DE VOCÊ.

MULHER, ESTEJA PRONTA
@ceciliasfalsin

ESTE NÃO É O SEU DESTINO FINAL

Você não pode apagar o seu passado, mas pode mudar as suas atitudes. Você não pode desfazer o que já fez de errado, mas você pode decidir não cometer os mesmos erros. Você não pode impedir que os outros te façam mal, mas pode evitar que o mal se abrigue em você.

Tudo o que você precisa fazer neste exato momento é considerar o lugar em que você se encontra agora como um centro de treinamento emocional, fechar os seus olhos, respirar fundo e se concentrar em uma estratégia para o seu retorno triunfal à superfície.

Se o motivo que te fez chegar neste abismo foi uma decepção afetiva, pense no quanto você se dedicou a este relacionamento não recíproco e, na maioria das vezes, se sentiu oprimida, usada, rejeitada e humilhada. Se o motivo pelo qual você está neste fundo poço de angústia, sofrimento e solidão foi a perda de alguém muito importante para você, pense no quanto você precisa se fortalecer para continuar vivendo e no quanto essa pessoa se sentiria feliz ao te ver bem, conquistando e realizando.

Se o motivo que te levou a cair neste fundo do poço foi uma ofensa, uma humilhação, uma crítica, pense no quanto você pode melhorar a sua autoestima a partir do que Deus sabe sobre você.

Se o que te lançou neste abismo foram as dívidas, pense no tempo que você terá, desde já, para refletir, se organizar e se disciplinar financeiramente. A pergunta é: você está disposta a se dar uma nova chance? Se a resposta for sim, então olhe fixamente para o lugar em que você está pisando. Olhou?! Você está de pé, só precisa se mover.

Deixa eu te contar uma história: Deus deu um sonho para José que despertou ainda mais o ódio dos seus irmãos por ele, a ponto de planejarem a sua morte.

> "E tomaram-no, e lançaram-no na cova; porém a cova estava vazia, não havia água nela." **(Gênesis 37:24)**

Uma cova vazia, sem água, significa que não havia nada que amortecesse a sua queda.

A Bíblia não relata os detalhes, mas você pode imaginar o quanto ele deve ter se ferido. O Sonho que Deus havia dado era um sonho que o levaria a um lugar de honra.

José estava sendo preparado por Deus para ser o segundo homem mais poderoso do Egito. Portanto, a cova fazia parte do seu processo de preparação, mas ela não era o seu destino final. Na visão humana, a vida dele estava indo de mal a pior, tudo estava dando errado, parecia que ele estava regredindo; mas quero te lembrar que a promessa de Deus para a sua vida está muito além do alcance humano. Portanto, os seus dias serão desafiadores e, a cada passo que você der rumo à saída deste lugar que tanto te amedronta, você sentirá algumas dores, sabe por quê?

Você está em movimento! Tentando sobreviver em um lugar desconhecido, perigoso e muito longe da sua realidade.

O jovem José estava sendo transformado nas áreas mais incompreendidas da sua vida. De repente, depois de revelar o seu sonho, ele se viu sozinho, lançado no fundo do poço, sem experiência alguma de vida, por aqueles que deveriam protegê-lo e ajudá-lo. Esse sonho, a princípio, parecia um pesadelo, porém o seu destino já havia sido traçado e a sua história futura seria de sucesso. Tudo o que está acontecendo com você, embora seja desesperador, está te levando a um propósito maior do que tudo o que você já experimentou viver até hoje.

DEUS TRANSFORMA O MAL EM BEM. AQUILO QUE VEM PARA TE DESTRUIR TE EMPURRA PARA O SEU REAL DESTINO. AQUILO QUE TE FERE TE FORTALECE PARA VENCER NOVOS E GRANDES DESAFIOS. O PROPÓSITO DE DEUS É TE PREPARAR PARA VIVER O MELHOR DELE. É NESTE PROCESSO DE TRANSFORMAÇÃO, APRENDIZADO E MUDANÇA QUE ELE VAI ABRINDO NOVAS PORTAS, NOVOS PROJETOS E NOVOS CAMINHOS PARA VOCÊ. NINGUÉM PODE INTERVIR NO QUE ELE PLANEJOU PARA A SUA VIDA.

MULHER, ESTEJA PRONTA
@ceciliasfalsin

COM DEUS NÃO HÁ O QUE TEMER

A noite vira dia e o medo vira oportunidade. No dia 22 de dezembro de 2020 o meu irmão foi diagnosticado como portador da patologia *neoplasia maligna do palato mole* (câncer). Faltavam apenas três dias para o Natal e a minha casa foi ao chão. A tristeza estampada no rosto de cada pessoa da minha família trazia uma desesperança. Naquele momento, diante de tudo o que estava acontecendo, me faltou fé, me faltou força, me faltaram ânimo e compreensão.

Mas como Deus permitiu que isso acontecesse?! Essa foi a minha pergunta por dias, mas me mantive sustentando uma falsa força para trazer um pouco de tranquilidade ao coração dos meus pais. Na verdade, nós sabemos que Deus é poderoso para realizar milagres, mas a natureza humana é desafiadora e, diante de uma situação difícil, a nossa visão quase sempre fica focada nas circunstâncias, não em milagres.

Já tive experiências incríveis com Deus. Dessa vez, porém, parecia ser impossível qualquer sinal de cura. Mas quem disse que Ele faz coisas possíveis para nós? Quem disse que Ele faz o que podemos fazer?! Ei, Deus trabalha com promessas e propósitos, e tudo o que Ele conduz ou permite que aconteça na nossa vida tem um objetivo específico.

Ele não espera que você diga como quer ser preparada, Ele simplesmente te joga no PROCESSO e espera que em algum momento você diga "Eis-me aqui, Senhor!" Não importa o motivo pelo qual você caiu no fundo do poço, saiba que essa parada obrigatória, não planejada, te trará grandes revelações e ensinamentos. No primeiro dia de quimioterapia do meu irmão, lembro-me que, a caminho do hospital, olhei para o céu e disse repetidas vezes o mesmo que Jó dizia em sua oração nos seus dias de aflição:

> "eu sei que o meu Redentor vive." **(Jó 19:25)**

Mesmo com o coração apertado, eu fui declarando a Palavra. Sabe o que isso significa?! Que Deus não desampara os Seus e, até nas piores situações, do controle Dele nada sairá. O seu mundo pode estar indo ladeira abaixo, mas o Senhor sempre firmará os seus passos e iluminará os seus caminhos.

> "Não temas, porque eu sou contigo; não te assombres, porque eu sou teu Deus; eu te fortaleço, e te ajudo, e te sustento com a destra da minha justiça." **(Isaías 41:10)**

Mulher, observe o que Deus diz acerca dessa palavra! Não há o que temer, não há motivos para desespero, Ele produzirá força em você e te ajudará no que for preciso. Ele te dá a Sua palavra de que VOCÊ SERÁ SUSTENTADA E NÃO ESTARÁ SÓ.

Somos surpreendidas pelas situações da vida, mas não há problema, dor ou sofrimento maiores do que Aquele que cuida de você.

Diante do diagnóstico médico do meu irmão, a princípio veio o desespero, mas, quando o meu coração se aquietou, me lembrei que, quando o médico anunciou o resultado dos exames, também disse que estava em estágio inicial, ou seja, tudo era uma questão de fé, paciência e confiança. Iniciamos o tratamento e, em dezembro de 2021, o diagnóstico foi de boas novas: ele estava 100% curado.

Aquele desespero inicial se transformou em alegria. Sabe o que eu aprendo com isso?! Por pior que seja o seu momento, não devemos fugir da realidade, sobretudo da nossa responsabilidade em buscar o tratamento específico antes que seja tarde demais. Isso diz respeito a tudo em nossa vida.

O medo nos paralisa. Você nunca vai reconstruir a sua família, restaurar as suas finanças, recomeçar ou se reerguer após uma queda inesperada se não aceitar a realidade dos fatos e buscar com cuidado e sabedoria uma saída que te conduza à superfície novamente.

Relatei esse fato justamente para você entender que não estamos imunes ao mal. Em algum momento seremos afligidos e vamos nos encontrar, por diversas vezes, no poço, mas só permaneceremos nele se realmente quisermos.

EU JÁ VIVI A DOR DAS PERDAS NECESSÁRIAS E CONFESSO A VOCÊ QUE SENTI, E SENTI MUITO. DOEU, LATEJOU, INQUIETOU E PASSOU. MAS TAMBÉM PASSEI E AINDA PASSO PELO PRIVILÉGIO DOS GANHOS PRECISOS, DOS APRENDIZADOS OBRIGATÓRIOS E DO CRESCIMENTO OPORTUNO GERADO PELAS MINHAS PERMISSÕES E FÉ. NÃO VOU DIZER QUE É FÁCIL SE LEVANTAR DE UMA QUEDA, PRINCIPALMENTE EMOCIONAL, MAS ALGUMAS EXPERIÊNCIAS ATUAIS ESTÃO ME ENSINANDO QUE HÁ COISAS E PESSOAS QUE VALEM MAIS, MUITO MAIS QUE UMA DOR DEIXADA POR QUEM POUCO OU NADA TEM A NOS OFERECER. PRIORIZE DEUS, VIU?!!!!

MULHER, ESTEJA PRONTA
@ceciliasfalsin

ESTE É O SEU MOMENTO, REIVENTE-SE!

Não importa o momento ruim pelo qual você está passando, você tem três escolhas: continuar cavando o poço, procurando uma saída onde não existe; ficar parada assistindo à sua própria morte ou focar naquela luz que está acima de você e segui-la.

Lembro-me que, quando fui obrigada a fechar a minha loja, em 2010, por não conseguir mantê-la e por estar totalmente endividada, cheguei a pensar que seria o fim de todos os meus sonhos. Eu estava em um período delicado da minha vida, sem saber o que fazer, nas mãos de um agiota, sem recurso e sem direção.

A queda não foi da noite para o dia, mas preferi ignorar os sinais a ter que aceitar a falência. Temos aquela mania de querer empurrar o que não está dando certo e, às vezes, Deus usa as circunstâncias para nos fazer entender que precisamos mudar a rota.

Como eu disse no texto inicial, às vezes somos empurrados no abismo, outras vezes cavamos o nosso próprio abismo sem nos atentarmos para a profundidade. Queremos sempre dar um jeitinho, como se o nosso jeitinho fosse o suficiente para resolver uma situação que requer de nós um posicionamento, e não um jeitinho brasileiro. Vamos tentando vencer com a nossa própria força, e isso só nos traz cansaço e frustração. Quando nos recusamos a aceitar a realidade dos fatos, damos lugar ao sofrimento; é como se optássemos por cavar desesperadamente o poço acreditando que, quanto mais fundo ele for, mais chance teremos de achar uma saída, e esta não está embaixo dos nossos pés.

Tudo o que você precisa neste exato momento é se posicionar, sondar o ambiente, buscar uma estratégia que te direcione à porta de saída e mover-se em direção à luz que te conduzirá ao que Deus planejou para você, sem olhar para baixo, sem focar no fracasso.

Diante da dor e da frustração, a impressão que temos é de que tudo está perdido, quando, na verdade, estamos sendo duramente transformadas.

O apóstolo Paulo dizia:

> "Irmãos, quanto a mim, não julgo que o haja alcançado; mas uma coisa faço, e é que, esquecendo-me das coisas que atrás ficam, e avançando para as que estão diante de mim, Prossigo para o alvo, pelo prêmio da soberana vocação de Deus em Cristo Jesus." **(Filipenses 3:13-14)**

Sabe por que o inimigo da sua alma não quer que você prossiga?! Porque ele sabe que você será uma potência. Sei que é difícil esquecer certas situações, acusações, julgamentos ou ofensas, mas deixa Deus fazer o trabalho Dele na sua vida. Talvez demore um tempo para você perdoar quem precisa do seu perdão ou para prosseguir após tantas feridas que lhe causaram.

Por mais que o seu passado tente controlar o seu subconsciente, não dê poder a ele, não permita que as coisas más que já aconteceram na sua vida te impeçam de avançar.

> "E não sedes conformados com este mundo, mas sedes transformados pela renovação do vosso entendimento, para que experimenteis qual seja a boa, agradável, e perfeita vontade de Deus." **(Romanos 12:2)**

Deixa Deus curar você. A cura consiste em você sair de vez da casa dos maus pensamentos, do ódio, do ressentimento, e voltar a viver com a alma tranquila e em paz. Deus realizou o sonho que deu a José. Ele passou por muitas provações. Foi caluniado, humilhado, preso, mas nada disso o impediu de chegar ao seu destino.

Deus produziu nele força e lhe deu habilidades incríveis para se sobressair em cada situação difícil. Ninguém passa essa vida imune a problemas, mas lembre-se: o seu passado faz parte da sua jornada, não constrói o seu presente nem define o seu futuro.

José, até chegar à cadeira de governador, passou por inúmeras transformações para conseguir encarar o seu passado através da presença dos seus irmãos e enxergar apenas como um processo necessário para o seu crescimento e para o propósito para o qual Deus o chamou.

> "Vendo então os irmãos de José que seu pai já estava morto, disseram: Porventura nos odiará José e certamente nos retribuirá todo o mal que lhe fizemos. Portanto mandaram dizer a José: Teu pai ordenou, antes da sua morte, dizendo: Assim direis a José: Perdoa, rogo-te, a transgressão de teus irmãos, e o seu pecado, porque te fizeram mal; agora, pois, rogamos-te que perdoes a transgressão dos servos do Deus de teu pai. E José chorou quando eles lhe falavam. Depois vieram também seus irmãos, e prostraram-se diante dele, e disseram: Eis-nos aqui por teus servos. E José lhes disse: Não temais; porventura estou eu em lugar de Deus? Vós bem intentastes mal contra mim; porém Deus o intentou para bem, para fazer como se vê neste dia, para conservar muita gente com vida." **(Gênesis 50:15-20)**

Seja uma situação boa, seja uma ruim, tudo coopera juntamente para o nosso crescimento, aprendizado, fortalecimento e conhecimento futuro, que, até então, dependiam do nosso esforço presente e das nossas certezas de que nada é em vão, de que para tudo há um propósito divino e inadiável para nossa vida.

Há batalhas incompreendidas que, a princípio, nos assustam; no entanto, serão um divisor de águas para nós. Não importa o quanto elas tentem mudar os percursos da nossa história, ninguém muda os percursos traçados por quem a escreveu com tanto amor e de acordo com as nossas necessidades.

TÔ AQUI TE OBSERVANDO FAZ TEMPO E
QUERENDO TE DIZER QUE VOCÊ É UM EXEMPLO
DE MULHER, COM TODAS AS HONRAS POSSÍVEIS.
VOCÊ VAI LONGE, VOCÊ AINDA VAI MUITO
LONGE COM ESSA FORÇA TAMANHA QUE TEM.

MULHER, ESTEJA PRONTA
@ceciliasfalsin

DEUS ESTARÁ NOS LUGARES ESPECÍFICOS

Posso cair várias vezes, sei que do meu lado Deus sempre estará e fará o que for preciso para me colocar no caminho novamente. Antes de tudo, quero dizer que Ele está liberando algo novo para a sua vida e este processo pelo qual você está passando te levará a lugares inimagináveis.

Na mão Dele, ferida vira resistência. Tudo o que você precisa é se permitir as mudanças necessárias e estar totalmente pronta para um breve retorno. Digo breve porque, até aqui, após ler os textos anteriores, você já tem noção do quanto a sua vida é preciosa e do quanto a sua história merece ser respeitada.

Olhe fixamente para tudo ao seu redor, porque este cenário de tristeza, escuridão e aflição que hoje vê se tornará o cenário do grande milagre que Deus fará em sua vida. Os seus resultados atuais podem não ser como você planejou, NÃO IMPORTA, a vontade do Senhor é maior e melhor. Uma mulher ferida e curada é uma mulher escolhida para restaurar a integridade de outras mulheres.

Uma mulher que sobrevive ao caos da alma, seja ele qual for, é capaz de levantar outras mulheres que estão debilitadas emocionalmente e totalmente sem visão de futuro. O fundo do poço não é morada para ninguém, mas é um lugar de tratamento, libertação e descobertas. A princípio tudo parece tão incerto, mas, aos poucos, você vai percebendo o quanto se perdeu do seu propósito tentando ser perfeita, quando precisava ser apenas você.

Muitas mulheres negociam o ar que respiram, a sua alegria, a sua coragem, o seu autoamor em troca de migalhas afetivas, cavando poços profundos em sua vida por medo de perder alguém ou de não ser amada por alguém.

Ei, você faz parte de um grande projeto de Deus, e Ele se interessa pelos seus sonhos, pelo seu crescimento e pela sua superação também. Ele viu quando você assinou aquele divórcio contra a sua vontade. Ele viu quando você foi traída e se sentiu totalmente humilhada. Ele viu quando você se sentiu obrigada a engolir calada palavras que machucaram a sua alma.

Ele viu quando disseram que não havia diferença entre você e o lixo, e que você não era ninguém, que jamais conseguiria ser amada por alguém. Ele viu quando te empurraram no abismo. Ele viu os abusos que você sofreu e Ele sabe os traumas que você carrega.

Mulher, nada será como antes se você optar pela cura. Deus fez uma aliança com você. Uma aliança que não se quebra e que O responsabiliza a te curar e cumprir na sua vida suas promessas. Do teu passado não te lembrarás mais, pois o que está por vir é muito melhor.

> "Porque então o teu rosto levantarás sem mácula; e estarás firme, e não temerás. Porque te esquecerás do cansaço, e lembrar-te-ás dele como das águas que já passaram. E a tua vida mais clara se levantará do que o meio-dia; ainda que haja trevas, será como a manhã. E terás confiança, porque haverá esperança; olharás em volta e repousarás seguro." **(Jó 11:15-18)**

DEUS USA PESSOAS QUE JÁ FORAM CALEJADAS PELA VIDA PARA OS SEUS MAIS INCRÍVEIS PROPÓSITOS, VIU!? ELE USA AQUELAS QUE ESTÃO TOTALMENTE SEM CHÃO PARA VIVER OS SEUS ACONTECIMENTOS MAIS EXTRAORDINÁRIOS. DEUS É ESPECIALISTA EM RESTAURAR, MODELAR E REMODELAR VASOS TRINCADOS. LEMBRE-SE SEMPRE DISSO ANTES DE DIMINUIR, REJEITAR, ENGANAR, FERIR, CRITICAR, MENOSPREZAR, MALDIZER OU SIMPLESMENTE IGNORAR ALGUÉM. JÁ VI GENTE QUE SE ACHAVA GRANDE DEMAIS SENDO OBRIGADO A ASSISTIR AS VOLTAS QUE O MUNDO DÁ. O TEMPO PASSA, AS COISAS MUDAM E AS PESSOAS MUDAM TAMBÉM.

MULHER, ESTEJA PRONTA
@ceciliasfalsin

CAPÍTULO 2

HÁ SEMPRE UMA SAÍDA

Levantarei os meus olhos para os montes, de onde vem o meu socorro. O meu socorro vem do senhor que fez o céu e a terra. (Salmos 121:1-2)

DA REALIDADE
AO IMPROVÁVEL

Você não é a única mulher na face da terra a passar por situações difíceis. Você está com os pés na lama e muros escorregadios ao seu redor. Você está dentro de um lugar escuro e só ouve alguns ruídos e o eco da sua própria voz. Você já pediu socorro, já gritou o nome de muitas pessoas, já tentou tirar a própria vida, já chorou, se lamentou, se culpou, sentiu ódio, raiva e até pena de si mesma.

Você já orou pedindo a Deus para te arrancar dessa terra com a desculpa de que não nasceu para ser feliz. Já O questionou tantas vezes. Você já derramou a sua alma neste lugar e já expôs toda a sua dor, vergonha e humilhação.

Agora é o momento do seu retorno triunfal, e ele exigirá de você permissão, coragem, perseverança, esforço e cautela, sabe por quê?! Antes do processo da escalada vem o processo da cura. Você está diante de muros altos e difíceis para escalar e os seus olhos não poderão desviar da luz, a única luz que está acima de você, te indicando a saída.

SE DELEITE NAS OPORTUNIDADES QUE A VIDA LHE ENTREGA, MAS NÃO TAMPE OS SEUS OLHOS PARA AS ADVERSIDADES. TUDO NOVO QUE CONQUISTAMOS REQUER DE NÓS CUIDADO E ATENÇÃO. NÃO IMPORTA O QUÃO ESFORÇADO OU ABENÇOADO VOCÊ É, HAVERÁ SEMPRE UMA SITUAÇÃO ADVERSA OU UMA PESSOA INSATISFEITA TENTANDO TE DESENCORAJAR EM SUA NOVA JORNADA. NÃO PERMITA QUE ISSO ACONTEÇA.

MULHER, ESTEJA PRONTA
@ceciliasfalsin

ABRA O SEU CORAÇÃO PARA DEUS

Deus sussurra em nossos ouvidos por meio de nosso prazer, fala-nos mediante nossa consciência, mas clama em alta voz por intermédio de nossa dor; este é seu megafone para despertar o homem surdo.

C. S. LEWIS

Seja no vale, no deserto, no fundo do poço, na cova dos leões, não importa o lugar em que você esteja, há sempre uma saída. Deus te chamou para viver uma história incrível que requer muito mais que fé, força e coragem, requer uma visão clara de onde você está e de para onde Ele quer te levar.

Existem dores ocultas em nós que precisam ser tratadas e que, na maioria das vezes, quando despertadas, nos paralisam emocionalmente. Antes de prosseguir, quero te dizer que, neste exato momento, Deus está neutralizando toda e qualquer infecção emocional na sua vida e te preparando para viver algo novo. Você está sendo treinada para um propósito maior. Deus está liberando uma porta nova para você, que te conduzirá ao improvável. Atravesse-a!

Se você quiser evitar repetir as falhas do passado, permita-se mudar, seja mais responsável em suas decisões e escolhas e não tenha pena de si. O que importa agora não é o que está por trás dessa porta, mas o que você leva consigo ao atravessá-la.

Considere, por exemplo, a história de Ana, uma mulher bonita, temente a Deus, boa esposa, muito amada pelo seu marido e aparentemente bem e feliz, quando, na verdade, carregava uma dor escondida até ser provocada por Penina, segunda esposa do seu marido.

> "E a sua rival excessivamente a provocava, para a irritar; porque o Senhor lhe tinha cerrado a madre." **(1 Samuel 1:6)**

No Antigo Testamento, mulheres estéreis eram consideradas inferiores, por isso os homens da época tinham permissão (nada aprovada por Deus) para terem mais de uma esposa. Mas havia em Ana algo diferente: mesmo sendo estéril, havia um propósito nessa situação e ela precisava paralisar a ação de Penina, mas, para isso acontecer, Ana teve que se posicionar e reconhecer que por anos ela havia vivido de faz de conta, mostrando uma alegria que não existia.

Talvez você, que está lendo este livro, seja uma mulher que vive de faz de conta, que faz questão de demonstrar que é uma pessoa realizada e feliz, que não consegue abandonar a capa do "está tudo bem" e se posicionar.

Há uma pessoa dentro de você que precisa se libertar. Você já se perguntou qual é o nome da sua dor?! O inimigo da alma de Ana não era Penina, mas o seu próprio eu; a sua luta não era carnal, mas espiritual. O que reinava no coração dela era a insatisfação, a amargura, a tristeza, o comodismo espiritual, e isso só se tornou evidente quando foi provocada.

> "Então Elcana, seu marido, lhe disse: Ana, por que choras? E por que não comes? E por que está mal o teu coração? Não te sou eu melhor do que dez filhos?" **(1 Samuel 1:8)**

Mesmo não sendo recente, toda ferida dói quando é tocada, é como um pequeno espinho que entra na sola do seu pé e você não consegue ver, mas sente cada vez que pisa no chão. Incomoda, desinquieta. Você não conseguirá passar para o próximo nível se não resolver as suas pendências emocionais.

Feridas não tratadas nos transformam em pessoas inseguras e vulneráveis a qualquer tipo de afronta.

> "Então Ana se levantou, depois que comeram e beberam em Siló; [...] ela, pois, com amargura de alma, orou ao Senhor, e chorou abundantemente." **(1 Samuel 1:9-10)**

Ana poderia aceitar a situação e continuar sofrendo calada, cabisbaixa, acreditando que o seu comportamento era sinônimo de força, mas ela se levantou, reagiu e decidiu dar um basta naquilo que, por anos, foi o seu espinho. Ei, Deus quer que você triunfe sobre aquilo que tenta te enfraquecer. O que Ele está preparando para a sua vida é imensurável.

Ana não arrancou Penina da sua vida, ela deu um basta no problema que esta última ocultava. A cura vem quando confessamos o que nos machuca; após a cura, vêm os milagres. Revise as suas memórias e busque conhecer o que tem te incomodado, tirado a sua alegria e enfraquecido a sua fé. Não guarde nada em seu coração que te impeça de ser uma pessoa confiante e livre.

Ana confessou a Deus que não era feliz, que desejava ser mãe para se sentir completa. A Bíblia não diz detalhadamente, mas, em seu íntimo, creio que ela tenha conversado com o Senhor a respeito das suas feridas encobertas, e que Ele a tenha ouvido.

> "E sucedeu que, passado algum tempo, Ana concebeu, e deu à luz um filho, ao qual chamou Samuel; porque, dizia ela, o tenho pedido ao Senhor." **(1 Samuel 1:20)**

Para que algo novo aconteça em sua vida, Deus primeiro restaura você. Para que haja restauração, tem que haver mudança de pensamento e comportamento. Tem que haver confiança, cura e perseverança. Tem que haver sabedoria e (or)ação.

Deus não te envergonha, Ele te honra. A questão é que, quando estamos vivendo os processos, acreditamos que não temos força suficiente para chegarmos ao final, e mal sabemos que estamos vivendo os aperfeiçoamentos divinos para assumirmos, com muita habilidade, sabedoria e inteligência, aquilo que foi preparado exclusivamente para nós. Não importa quem você é ou o que você sabe fazer, você foi chamada para viver o extraordinário, não só aquilo que é meramente possível para você. Pense nisso!

NÃO FIQUE REMOENDO UM PASSADO QUE NÃO TE FEZ BEM, HÁ PELA FRENTE POSSIBILIDADES, OPORTUNIDADES E GRANDES PROPOSTAS PARA VOCÊ. AS PORTAS SE ABRIRAM E O NOVO DO ALTO JÁ ESTÁ VINDO EXATAMENTE EM SUA DIREÇÃO, COM MUDANÇAS INACREDITÁVEIS. SE VOCÊ É UMA MULHER DE NEGÓCIOS E CHEIA DE FÉ, ENTÃO SE PREPARE, PORQUE ESTE MÊS VAI SER DE MUITOS RESULTADOS FAVORÁVEIS. PARA FINALIZAR, SÓ TE PEÇO QUE RESPIRE FUNDO QUANDO O CANSAÇO CHEGAR E CONTINUE, É ASSIM MESMO QUE ACONTECE: QUANTO MAIS ABENÇOADAS FORMOS, MAIS FORTES E DESTEMIDAS NOS TORNAREMOS.

MULHER, ESTEJA PRONTA
@ceciliasfalsin

TODO ESFORÇO É BEM-VINDO!

Você já parou para pensar no quanto Deus já te ajudou e no quanto Ele já te transformou dentro dessa situação difícil que você está vivendo? Tudo contribui juntamente para o nosso bem quando O amamos de todo o nosso coração e somente Nele depositamos toda a nossa confiança.

Quanto mais nos gloriamos no Senhor, dentro das nossas fraquezas, mais o Seu poder repousa em nós. É sobre isso. É sobre nos esforçarmos diariamente, independentemente da situação, para sermos pessoas melhores e mais corajosas.

Deus faz tudo com um propósito. Portanto, se você estiver prestes a desistir, comece a exercitar a sua fé. Você precisa aprender a confiar no Senhor enquanto está fora da sua zona de conforto, para que, quando você retornar, não tenha medo de tomar decisões, romper laços, fazer escolhas certas, caminhar segura de quem você é e de a quem você pertence. Você está destinada a viver grandes acontecimentos e precisa, urgentemente, se permitir.

Ao invés de se lamentar por tudo o que se perdeu, pelas vezes que te deixaram só, por quem não te estendeu as mãos, pelos seus dias maus, se esforce para alcançar o seu objetivo e, sobretudo, para viver e contar a sua história de luta e superação.

> "O Senhor diz: Não temas, porque eu te remi; chamei-te pelo teu nome, tu és meu." **(Isaías 43:1)**

Ele diz que você pertence a Ele. Mesmo que todos te abandonem, te ignorem, não acreditem em você, Deus te quer, Ele te assume, Ele te guia, te ama, cuida de você, protege e abençoa. Ele não quer que você seja sobrevivente, Ele quer que você seja capacitada a enfrentar as batalhas da vida de pé e a extrair delas forças, coragem e experiência. Independentemente dos problemas que ocorram, Ele quer que você coloque suas preocupações nas Suas mãos em oração e confie no Seu cuidado e, sobretudo, no Seu agir em cada situação.

> "Não estejais inquietos por coisa alguma; antes as vossas petições sejam em tudo conhecidas diante de Deus pela oração e súplica, com ação." **(Filipenses 4:6)**

Mesmo que os ventos soprem contra a sua vida, permaneça firme, encare-os e não tenha medo. Deus te fará chegar ao destino que traçou para você. **Confie! Pedro desejou, pediu e recebeu o sim de Jesus ao pedir para ir ao seu encontro caminhando nas águas**, mas o barulho do vento o fez tirar os olhos de Jesus e o medo se apossou do seu coração. Ele focou mais nas circunstâncias do que na palavra que saiu da boca do Senhor quando lhe disse "VENHA!"

Se esforce ao máximo! Você está quase lá! Seja qual for a situação, todos as manhãs nos encontramos diante de uma grande oportunidade de sermos muito melhores do que no dia que passou e muito mais fortes do que os obstáculos que vencemos anteriormente. TODO ESFORÇO REALMENTE SEMPRE SERÁ BEM-VINDO.

MULHER, PARE DE SE JUSTIFICAR PARA QUEM NÃO SABE METADE DO QUE VOCÊ JÁ PASSOU NA VIDA PARA SER QUEM É E PARA CONQUISTAR O QUE JÁ CONQUISTOU. PARE DE ACREDITAR NAS DEDUÇÕES DOS OUTROS. POSICIONE-SE. DAS VEZES QUE EU MUDEI PARA AGRADAR DEMAIS A TODOS, ME SENTI MUTILADA E INVADIDA EMOCIONALMENTE POR MIM MESMA.

MULHER, ESTEJA PRONTA
@ceciliasfalsin

POSICIONE-SE

Sempre fui uma pessoa reservada e, mesmo assim, em algumas situações, sofri muito pela má interpretação dos outros em relação ao meu jeito de ser e agir. A gente não pode contar tudo, nem para todos. Há quem queira, de fato, o nosso bem. Mas há aqueles que torcem para o nosso fracasso. Há quem celebre as nossas conquistas, e há aqueles que não estão preparados para vivê-las conosco.

A maturidade e as experiências ao longo dos anos me ensinaram a ser mais seletiva e a não falar mais do que as pessoas precisam saber sobre mim. Fui disciplinando a minha boca e treinando as minhas emoções para os próximos níveis, e isso contribuiu muito para as minhas melhoras afetivas.

Os meus relacionamentos foram ficando mais saudáveis, o meu coração, mais responsável. Às vezes, o motivo dos nossos maiores sofrimentos são as nossas permissões excessivas e irresponsáveis. Há uns meses me fizeram a seguinte pergunta: "você já teve muitas decepções amorosas?" Não pensei duas vezes para responder: "quem nunca?"

Quem nunca amou demais, esperou demais, se doou demais, desejou demais e, nesse demais, quebrou a cara?! Já tive, sim, várias. Já tropecei também, várias vezes. E já pensei que amar não era para mim. Mas só pensei. Deus me fez ver a vida de outra forma, e cuidar do meu coração de uma maneira mais especial também.

Decepções afetivas são doídas, mas muito ricas quando delas tiramos lições, quando conseguimos extrair do sofrimento aquilo que desconhecíamos em nós: valor e força. Aprendi que para tudo nessa vida o nosso coração pede uma resposta. Pelo menos o meu é assim.

Sempre tem um porquê disso ou daquilo. Sempre queremos um motivo que justifique o fracasso, o erro ou a não reciprocidade de alguém. Sempre queremos que a nossa ferida tenha um nome e nos esquecemos de que devemos ser inteiras para nós e não para os outros, de que precisamos ser importantes para nós e não para os outros, de que, se soubermos nos proteger da fraqueza alheia, evitaremos nos entristecer com aquilo que não querem ou não conseguem nos oferecer.

É muito ruim sofrer pelo desamor ou pela covardia de alguém. É muito doído não saber que direção tomar quando a pessoa que mais queremos, ajudamos, amamos e cuidamos decide partir, ignorar ou nos deixar para lá.

É muito sofredor descobrirmos que aquela pessoa não tem compromisso com o nosso coração como antes, ou que só brincou de gostar. Mas o interessante nisso tudo é que a gente cresce e aprende que respeito próprio dispensa aceitação ou lealdade do outro.

Posicionei-me! Hoje eu me garanto não para os outros, mas para mim. Hoje realmente vivo um amor recíproco gerado pela minha autoestima, pela minha vontade de querer ser feliz pelo que Deus me prepara, sem me lamentar ou me rastejar para ser notada ou valorizada por ninguém.

Automerecimento é o primeiro passo. Psiu: não ficamos imunes a decepções, mas nos tornamos mais fortes que elas quando reconhecemos o amor em nós e por nós.

DEUS AMA REFAZER HISTÓRIAS

Vivi um relacionamento tóxico comigo mesma por anos. A princípio, era tudo maravilhoso. Eu estava cheia de planos e sonhos – e, detalhe, muito segura de quem eu era. Me garantia em tudo. Eu me considerava totalmente forte, mas, com o tempo, fui me deixando ser conduzida pelo olhar dos outros. Este relacionamento me fez pensar que dizer não, em certas situações, era covardia, e me fez acreditar também que, para ser uma pessoa bem-sucedida na vida, eu precisava agradar às pessoas o tempo todo.

Este relacionamento me controlava de tal maneira que cheguei a me culpar tantas vezes pelos erros que os outros cometiam comigo. Era horrível isso, mas eu me punia por não ser perfeita. Eu me criticava, me rejeitava, me comparava aos outros como se eles fossem melhores que eu. Este relacionamento me adoeceu a ponto de me fazer acreditar que as migalhas afetivas que algumas pessoas me ofereciam eram o bastante para ter que mantê-las em minha vida, que elas eram importantes. Só o fato de pensar em perdê-las já me causava uma dor enorme. A maior prisão emocional é aquela em que as algemas são fechadas por nós. Nos colocamos dentro de uma redoma de vidro e acreditamos fielmente que estamos na melhor fase da nossa vida. Me libertei!

Me sentia escrava dos meus próprios sentimentos e controlada pelas minhas próprias emoções até ouvir de Deus o seguinte:

> "Minha filha, guarde consigo a sensatez e o equilíbrio, nunca os perca de vista; trarão vida a você e serão um enfeite para o seu pescoço. Então você seguirá o seu caminho em segurança, e não tropeçará; quando se deitar, não terá medo, e o seu sono será tranquilo." **(Provérbios 3:21-24)**

Agradeço a Ele pela mulher que Ele me tornou. Sabe o que quero que você entenda?! Que ninguém pode conduzir a sua vida, os seus sentimentos, as suas escolhas e decisões, exceto se você permitir. Podem até te ferir, enganar, decepcionar, mas jamais mudar o que Deus já definiu para você. Seja sensata. Seja você! Comece já a se envolver com o que realmente importa para você e a se permitir viver novos acontecimentos. Se liberte do seu próprio eu e pare de acreditar que você tem que ser perfeita em tudo. Quanto mais você se cobra, mais distante você fica das suas realizações.

Os acontecimentos passados não podem, de maneira alguma, te paralisar. Você não é quem já foi um dia. As batalhas da vida, embora árduas e incompreendidas, te transformaram em uma pessoas mais forte. Perceba-se! Podem falar o que quiserem a seu respeito, o rótulo alheio não define a sua jornada até aqui. Deus te projetou para viver coisas incríveis e te honrar faz parte dos Seus planos. Portanto, vire a chave e liberte-se! Não se prive de ser uma pessoa melhor e humana. Não queira viver para os outros. A vida é sua, a história é sua, e ser feliz tem que ser a sua mais incrível decisão.

Não importa o quanto você errou consigo, posicione-se já, ajeite os seus passos, erga a sua cabeça e vá ao encontro de tudo que você anseia conquistar sem medo. Vá com aquela certeza boa na alma de que as lições e as experiências adquiridas em sua jornada, embora incompreendidas e dolorosas, foram benéficas para você; com aquela certeza de que, daqui para frente, tudo novo se fará em sua vida. Supere-se! Vença os desafios! Vença as suas limitações, dores e culpas! Vença o que está tentando te vencer e recomece. Deus te deu uma nova oportunidade, bora viver...

Hoje atravesso uma nova porta, talvez uma das mais incríveis da minha vida. Os meus dias são sempre de partidas e descobertas. Gosto de quem sou e me perdoo pelos deslizes conscientes que tive e que, por sinal, me trouxeram graves e superáveis consequências. Fiz as malas e estou indo em direção a um novo ciclo. Guardei em meu coração a fé e fiz dos meus caminhos pontos estratégicos para o meu sucesso do porvir. Sim, me desejo sucesso, vida nova, força renovada, reconstruções e crescimento.

Me desejo o bem e não abro mão de nada do que Deus tem para mim.

Alguns meses atrás Ele me disse: "Estou cortando algo da sua vida agora! Encare isso como cuidado e proteção! Você está em processo de mudança, a caminho de novos projetos, pronta para novos desafios e cheia de ocupações internas que não lhe darão tempo para pensar em coisas, pessoas ou situações ruins.

Estou te ensinando a viver, filha, e, lá na frente, quando tudo começar a dar muito certo, você entenderá que tudo o que eu fiz foi alinhar os seus sonhos aos sonhos que sonhei para você." Mesmo sem entender, eu disse sim, e confesso a você que foram dias difíceis e incompreendidos.

Deus sabe o que fazer da nossa vida. Houve mudanças inesperadas, meus planos falharam muitas vezes, houve decepções, houve perdas, houve enganos, mas também houve livramentos e experiências que me fizeram chegar até aqui só para dizer a você que nada é mais importante do que a importância que temos para o nosso Criador e Redentor. Os nossos planos falham, os Dele permanecem e são maiores. Se posso te dar alguns conselhos nessa idade toda que tenho, receba-os de bom grado, por favor:

- Viva um dia de cada vez e não desperdice o seu agora.

- Das grandes às pequenas, comemore as suas conquistas com as pessoas mais incríveis da sua vida.

- Perdoe aquelas que não souberam ou não quiseram te amar do jeito que você é.

- No mais, vá agradecendo a Deus por tudo, sobretudo por poder viver. É como dizia minha avó paterna: Deus te faz feliz!

NADA É COMO ANTES QUANDO VOCÊ DECIDE MUDAR

Entender que tudo passa e se permitir recomeçar sempre foi o esquema de Deus com aqueles que, de fato, reconhecem o Seu amor e proteção. Ele nunca falhou em Suas estratégias. Certos acontecimentos evidenciam tanto a Sua presença em minha vida que já não consigo mais me lamentar por nada. Tem muita calma e gratidão dentro de mim. Do meu ponto de vista, mergulhada na fé, tenho muito a agradecer.

Agradeço-O diariamente até pelo que ainda não conquistei. Tudo depende da maneira como eu me posiciono e do que eu determino para a minha vida. Tudo depende das minhas escolhas. Se eu quero ser uma mulher valorizada, amada, reconhecida e respeitada, preciso dar importância a tudo o que me aproxima do melhor para a minha vida, e isso tem muito a ver com o que eu me ofereço todos os dias.

Dê um significado para os seus sonhos e acredite na breve realização deles. Dê um significado para os seus planos e creia no seu sucesso. Dê um significado para os seus sentimentos e proteja-os de invasores afetivos. Dê um significado para a mulher incrível que você se tornou e não negocie os seus valores por motivo algum.

Pense no quanto você já sofreu tentando ser empoderada, quando, na verdade, você só precisava se descobrir e entender que há uma pessoa dentro de você desejando apenas se libertar.

> "Pois Deus não nos deu espírito de covardia, mas de poder, de amor e de equilíbrio." **(2 Timóteo 1:7)**

Uma vez fortalecidas e revigoradas em Deus, devemos continuar a nossa jornada sendo conduzidas pelo Espírito Santo, equilibrando as nossas emoções e exercendo a nossa fé.

Há um propósito a ser alcançado e um processo a ser vencido. Mulher, as suas asas já estão formadas e prontas para viver algo novo, rompa o casulo e voe o mais alto que puder.

Não importe para você o que desconforta a sua alma. Não guarde mágoas nem fique o tempo todo se lamentando por situações, erros, perdas e circunstâncias que podem ser transformadas através das suas acertadas decisões. Aprenda a fechar ciclos. O fechamento de um ciclo inclui perdas e dor, mas inclui novas oportunidades também.

Permita-se, mulher, viver novos ciclos e agradecer a Deus pelas suas cicatrizes, trazendo à sua memória apenas o que renova a sua esperança. Tudo passa, desde que não retornemos ao que precisa ser deixado para trás. Você pode não perceber, mas, quanto mais você se prende a uma fase ruim da sua vida, mais fraca você se torna. Resolva as suas pendências. Reabilite-se! Quando prolongamos situações que precisam ser resolvidas, estamos sendo furtados por nós mesmas. Na vida, muitos dos problemas que enfrentamos nos remetem ao medo e à insegurança, porém Deus é maior que tudo. A Sua mão soberana e forte te alcançará.

CAPÍTULO 3

LUGAR DE MULHER É ONDE ELA BATALHA PARA ESTAR

*Seja quem você quer ser e jamais permita
que te tirem o direito de ir e vir.*

RECONHEÇA O SEU VALOR

Débora foi juíza, líder de guerra e profetiza de Israel. Naquele tempo, não se ouvia falar de uma mulher que ocupasse cargos tão ilustres assim. Mas Deus não a menosprezou por ser mulher nem duvidou da sua capacidade de governo, pelo contrário, a honrou no meio do seu povo, como podemos ver em Juízes 4.

Débora era uma mulher sábia, inteligente e segura. Portanto, lugar de mulher é onde ela se sente confortável através de seus esforços e merecimento. Lugar de mulher é onde o seu suor a plantou com dignidade, dedicação e força de vontade. Lugar de mulher é onde Deus aprova sem depender da opinião de quem pouco ou nada sabe sobre a vida.

Lugar de mulher é onde ela batalha para estar. Seja quem você quer ser e jamais permita que te tirem o direito de ir e vir, que te roubem a liberdade, que te frustrem, que te façam desistir dos seus sonhos, que te façam sentir frágil e incapacitada diante daquilo que você sempre desejou conquistar.

Jamais permita que te tirem a força e a coragem. Você pode, sim, ser feliz. Não deixe que te digam o contrário.

NÃO SEJA DOMINADA PELO MEDO

Levei um bom tempo para entender que o segredo da minha força e cura estava em vencer o que eu mais temia, minhas limitações e fracassos. Tudo o que você precisa, mulher, é encarar os novos caminhos e prosseguir. Não deixe de viver novos acontecimentos por medo de se ferir, de se decepcionar ou de perder. Nem todos vão se agradar do seu jeito de ser ou vão aplaudir as suas decisões. Nem todos vão te amar como você merece ser amada. Mas essa responsabilidade de se querer bem, de se respeitar e de se merecer é totalmente sua. Por várias vezes recebi mensagens de mulheres que passaram por momentos devastadores dizendo que jamais conseguiriam se reerguer novamente até conhecerem o mover sobrenatural do Senhor e o Seu tamanho cuidado e proteção.

> "No amor não há medo; pelo contrário o perfeito amor expulsa o medo, porque o medo supõe castigo. Aquele que tem medo não está aperfeiçoado no amor." **(1 João 4:18)**

SUAS CICATRIZES SÃO AS MARCAS DO SEU SUCESSO

Não importa o quão difíceis sejam as circunstâncias; por meio da fé e da perseverança, Deus te garante a vitória. Suas cicatrizes falarão por você. Elas realmente representam a sua força e superação. Significam que suas feridas foram tratadas e o seu coração foi refeito. O processo é doloroso, mas não se compara ao grande crescimento que Deus te proporciona através de cada desafio vencido. Fomos feitas para viver e proporcionar milagres. Fomos preparadas para ajudar outras mulheres que, em algum momento de sua vida, se perderam de si. Se permanecermos encarceradas no sofrimento, isso não será possível. Seja a primeira a admirar as suas cicatrizes, elas são as suas referências na vida.

> "Porque te restaurarei a saúde, e te curarei as tuas chagas..." **(Jeremias 30:17)**

TUDO BEM NÃO ESTAR BEM

Tudo bem acordar de mau humor de vez em quando, não querer conversar ou sair, ruim é você acreditar que o mundo te odeia e que você não nasceu para ser feliz. Sei que você passou por uma fase complicada na sua vida e isso te roubou de você por muito tempo, mas, entre reviver duramente o passado e seguir, escolha sempre proteger o seu coração e a sua mente de tudo o que adoece a sua alma.

Escolha um caminho que não te faça retroceder e, se possível for, seja melhor do que você já foi um dia. Estamos neste mundo para fazer a diferença. Quantas vezes você não se sentiu suficiente? Quantas vezes você deixou de se cuidar por causa da língua ferina dos outros?

Quantas vezes você se achou fraca, infeliz e incapaz por não conseguir agradar as pessoas ao seu redor?! Ei, está na hora de você se reerguer e entender que não fomos projetadas para sermos como todos nem para fingir que está tudo bem o tempo todo. Somos humanas, temos sentimentos, dias difíceis e cansaços inexplicáveis, tudo isso porque também temos uma história que merece ser respeitada todos os dias.

VOCÊ É UMA MULHER INCRÍVEL

Não espere muito dos outros. Seja a sua própria admiradora, anote e note as suas qualidades, destaque os seus pontos fortes, compreenda-se, envolva-se um pouco mais com você, descubra-se e ame-se! Equilibre as suas emoções e, sobretudo, a sua forma de viver.

Saiba que você tem um coração sonhador que precisa de muito cuidado e sonhos importantes que precisam ser priorizados. Em nós há sempre uma busca constante por perfeição, e essa busca impossível gera cansaço e frustração.

Respira, mulher! Se dê tempo para se cuidar, se trate bem. Se você já foi muito ferida e abandonada por alguém, está na hora de se colocar de pé e de se perdoar por ter se rejeitado. Pare de se culpar por coisas que não dependiam só de você. Se você já não se enxerga como deveria por acreditar demais na opinião não solicitada dos outros, vença esse bloqueio, se resgate.

Talvez você esteja cercada de pessoas que tornam a sua jornada mais difícil. Essa é uma boa hora de se desprender, se libertar, dar voz à sua alma e saber discernir o que deseja de fato para a sua vida.

IMPRESSIONE-SE

Ao invés de querer impressionar os outros o tempo todo, impressione-se primeiro, mulher. Admire-se! Elogie-se! Evidencie as suas qualidades e liste os seus defeitos de modo a colocar a sua casa interior em ordem. Estar bem consigo mesma, e sobretudo com Deus, facilita a nossa percepção de vida. Se você se aceita, se esforça e se cuida, é sinal de que você tem um propósito de vida e não abre mão disso.

Quem tem propósito tem ocupações importantes que não lhe permitem parar no meio do caminho. Você é especial e precisa saber disso. Você tem habilidades incríveis e um potencial incrível também. Ao invés de se lamentar pelo crescimento dos outros ou acreditar que eles têm mais sorte do que você, comece a listar os seus valores e a respeitá-los. Dê a si mesma a chance do autorreconhecimento e se aplauda a cada conquista ou superação. Isso nos traz uma força que você nem imagina e faz bem demais para o nosso coração. Acredite em si mesma! Se mereça!

VOCÊ PODE SER UMA MULHER MARAVILHOSA PARA OS OUTROS, MAS, SE NÃO ACREDITAR NISSO, NÃO FARÁ DIFERENÇA EM SUA VIDA. TODOS NASCEM COM PROPÓSITOS, MAS NEM TODOS ACREDITAM QUE OS PODEM CUMPRIR. POSSO PLANEJAR, MAS, SE NÃO HOUVER AÇÃO, SERÃO APENAS PLANOS. O QUE EU ME PERMITIR PENSAR DETERMINARÁ OS RUMOS DA MINHA HISTÓRIA. NOVAS JORNADAS REQUEREM PERCEPÇÃO E CORAGEM. NENHUMA MULHER, POR MAIS ESPETACULAR QUE SEJA, PODERÁ SER FELIZ SE NÃO DEFENDER A SUA MENTE DOS ESTÍMULOS NEGATIVOS QUE A FAZEM VOLTAR PARA O SEU PASSADO. É PRECISO TER CONSCIÊNCIA DE QUE VOCÊ JÁ ENFRENTOU OS PIORES DESERTOS EMOCIONAIS E SOBREVIVEU. AS SUAS CICATRIZES SÃO AS SUAS RAÍZES. O SEU OBJETIVO PRIMORDIAL, A PARTIR DE AGORA, É SE PREPARAR PARA O SUCESSO. ESTEJA PRONTA, MULHER!

MULHER, ESTEJA PRONTA
@ceciliasfalsin

CAPÍTULO 4

MULHERES INCRÍVEIS

CONSIDERAÇÕES ESPECIAIS
DA AUTORA

Por favor, você que está aí, me lendo, tenha sempre em mente que outras mulheres já passaram por situações difíceis e, assim como você, pensaram em desistir, mas foram convocadas pela vida a continuarem mesmo estando cansadas, sobrecarregadas e, na maioria das vezes, desesperançosas.

Mulheres que fizeram das suas batalhas visíveis e particulares uma grande oportunidade de crescimento e, através das suas experiências na vida, se tornaram exemplos de força e superação. É um privilégio poder recebê-las neste livro, sobretudo por nos motivarem através de suas abençoadas palavras. Minha gratidão e carinho.

Angélica Moura
Maria Aurelita
Léa Madureira
Andreia Bassan
Yla Fernandes

O QUE SEUS LÁBIOS NÃO EXPRESSAM SEU CORPO REVELA

Nosso corpo é uma máquina preciosa, e mantê-la funcionando é um trabalho duro, enérgico e detalhista.

Contemplo a grandeza de Deus todas as vezes que estou estudando ou lendo algo relacionado à fisiologia do corpo humano. Existe um mundo dentro de nós no qual cada sistema tem função crucial para nos manter vivos.

No corpo humano, temos as terminações nervosas, nossa pele contém de sete a 135 receptores sensoriais por centímetro quadrado. Esses receptores nos revelam as sensações de calor, frio, carinho, dor. Através deles, memórias são criadas, gatilhos são formados a fim de cuidar e proteger.

Um recurso utilizado pelo corpo pra sinalizar que algo não está bem é a dor. Ela nos para, de alguma forma, nos chama a atenção, pede socorro. É estranho dizer que sentir dor é bom, mas ela é necessária e, quando entendemos isso, olhamos para ela de forma diferente.

Em minhas experiências clínicas, vejo muita dor emocional se apresentar como dor física, traumas que não foram cuidados, respeitados e superados se transformam em doenças chamadas psicossomáticas que atacam nosso organismo gritando por socorro, nos comunicando que é preciso olhar pra dentro.

Hoje quero te convidar a olhar pra dentro.

A perceber o que seu corpo está falando, a sentir a dor e a aceitá-la, a fazer as pazes com o seu interior que te chama pra um diálogo.

Lembre-se, seu corpo, sua pele têm milhares de receptores, eles podem te ajudar nesse primeiro passo para se amar mais. Então comece se abraçando, se veja no espelho e se admire, se ame como você está.

Enfim, deixo um lembrete:

> "Ame ao seu próximo como a si mesmo." **(Mateus 22:39)**

Para cumprir esse mandado, é precioso aceitar e se amar primeiro.

ANGÉLICA CRISTINA DE MOURA ARAÚJO

31 anos, cristã, especialista em bioestética e cosméticos, proprietária da Estética Angélica Moura

VOCÊ É MAIS FORTE DO QUE PENSA!

Há momentos na vida em que experimentamos tempos difíceis. Às vezes parece que estamos atravessando um deserto ou uma tempestade. Dificuldades e desafios se acumulam e nossa visão parece escurecer. Ficamos sem saber o que fazer ou para aonde ir. Isso acontece porque nós vivemos realmente tempos difíceis, e isso numa escala global. Para todos os lados vemos e sentimos a força de ventos contrários trazendo muita destruição e sofrimento. Nesse contexto, nem mesmo a fé escapa desse pesado e denso grupo de nuvens que procura tudo escurecer. Nós vivemos num contexto tão desafiador que até mesmo ela, a fé que professamos, precisa lutar para que possa manter-se acesa, viva e operante.

Mas isso não é tudo. Nós temos todo o conforto, nós temos toda a força que emanam da Palavra de Deus e vêm ao nosso encontro, justamente trazendo um novo jeito de olhar a vida e as crises que todos precisamos enfrentar. Hoje, esse novo jeito de olhar, essa nova ótica de enxergar cada situação exatamente nos diz que você é, que nós somos bem mais fortes do que pensamos!

A partir da força que emana da Palavra – não de qualquer palavra, mas da Palavra de Deus –, mesmo quando não sabemos o que fazer, nós podemos olhar para Deus (2 Crônicas 20:12), fazendo das Suas promessas uma chave que vai abrir um novo horizonte, que vai abrir um novo jeito de olhar e enfrentar a vida! Com Filipenses 4:13 você pode dizer: "Tudo posso Naquele que me fortalece!"

É isso mesmo: Você é mais forte do que pensa! Você tem o Todo-Poderoso ao seu lado e a Sua Palavra vai te fortalecer para que você seja capaz de enfrentar todos os desafios que estão à sua frente! Como o salmista, diga agora com toda a sua fé, diga e acredite:

"em Deus faremos proezas!" **(Salmo 108:13)**

MARIA AURELITA TAVARES (LITA)
Pedagoga, mulher, cristã, mãe e avó

DOR CURADA VIRA FORÇA

Quando estamos vivendo o tempo da dor, dificilmente entendemos que algo de bom sairá dela. A verdade é que parece ser, de fato, o fim. O tempo da dor tem uma intensa capacidade de roubar a nossa esperança, de minar a nossa fé. Há dores tão intensas que até parecem que nunca irão cessar. A dor traz consigo a apatia, o desânimo, a desesperança.

> "Nossos ossos se secaram e nossa esperança desvaneceu-se; fomos exterminados." **(Ezequiel 37:11)**

No tempo da calamidade, da dor, da aflição, das perdas, a sensação que temos é de que não há ninguém que sofra como a gente. Mas onde há vida, há dor; e também, onde há dor, há uma grande probabilidade de milagre! Pensemos juntas no vale de ossos secos:

> "Ele me levou de um lado para outro, e pude ver que era enorme o número de ossos no vale, e que os ossos estavam muito secos." **(Ezequiel 37:2-3)**

O profeta estava em um lugar de morte; com cheiro de morte, ossos sequíssimos, e o Senhor fala para ele dar uma ordem aos ossos e profetizar.

> "Então ele me disse: Profetize a estes ossos e diga-lhes: Ossos secos, ouçam a palavra do Senhor! Assim diz o Soberano, o Senhor, a estes ossos: Farei um espírito entrar em vocês, e vocês terão vida." **(Ezequiel 37:4-5)**

É no vale de ossos, no lugar da aparente morte, no fracasso, na falência, no diagnóstico negativo que temos que exercitar a nossa fé e profetizar, declarar vida. Um vale inteiro de morte é transformado em um forte e numeroso exército, e logo o vale é tomado por vida!

Quando olhamos para trás e revisitamos situações ruins, as frustrações, perdas, traições e dores que vivemos, sempre percebemos que elas passaram ou que, quando permitimos, vão perdendo a intensidade. Sim. As dores passam. E, quando elas passam, percebemos que nelas fomos forjadas, fortalecidas, melhoradas.

Amadurecemos com as grandes lutas, com as dores vivenciadas. É óbvio que lembramos das dores passadas, a memória está viva, mas elas já não são feridas abertas, elas viram testemunho: de vitória, de superação, de cura, passam a gerar esperança para outras pessoas. É quando podemos afirmar que dor curada vira força: já não é mais um vale de morte, vira força, vira um exército!

Após curada, a dor, a ferida viram cicatriz. É preciso te lembrar que a cicatriz já pode ser mostrada, contada, testemunhada. Ela não dói mais, porque feridas doem, cicatrizes não.

A cicatriz é a marca da cura, da superação. A cicatriz mostra o poder regenerador e transformador de Deus. Ele se manifesta no vale da morte, no deserto, na dor. Ele se manifesta para mudar o resultado de um diagnóstico, para restaurar um casamento, para tirar pessoas do caos da solidão, dos vícios... Ele se manifesta!

> "Assim diz o Soberano, o Senhor: Ó meu povo, vou abrir os seus túmulos e fazê-los sair." **(Ezequiel 37:12)**

Dois versículos depois, Ele diz:

> "Porei o meu Espírito em vocês e vocês viverão, e eu os estabelecerei em sua própria terra. Então vocês saberão que eu, o Senhor, falei e fiz." **(Ezequiel 37:14)**

Deus é especialista em transformar vales de ossos secos em exércitos numerosos, em abrir o mar para nos livrar de perseguições, em transformar desertos em pomares, em libertar cativos injustiçados das prisões, em transformar morte em vida, em livrar de covas dos leões, em derrubar gigantes diante dos nossos olhos...

Deus continua especialista em mudar destinos, em transformar desertos em pomares, lugares secos em jardins regados, dores em força! Ele permanece o mesmo. Então deixe suas dores serem curadas, transformadas em cicatrizes, para que todos vejam que Ele continua o mesmo; não mudou nem mudará! Porque a sua dor curada tem o poder de manifestar e testemunhar do poder que só o Senhor tem e da glória que Ele é!

LÉA MADUREIRA

Psicanalista, pós-graduada em Neuropsicologia, teóloga, pastora apaixonada por pessoas. Casada há 30 anos com Cléber Madureira.

TUDO COMEÇA POR UM SONHO

Sou a prova viva de que tudo começa com um sonho. Eu era pequenininha e me lembro muito bem que meu sonho era estar na televisão; criava o ambiente para sonhar acordada, através das brincadeiras de criança, criava o cenário e meu programa acontecia no quintal de casa.

Eu sou a mais velha de quatro irmãos, sendo três meninas e um menino. Na época, eu tinha uns oito anos de idade e criei meu próprio programa de TV, que eu apresentava com o rolinho do papel higiênico com uma bolinha de jornal na ponta. Também cantava nesse microfone. A plateia eram meus irmãos. O programa era um sucesso, recebíamos cartas do fã-clube, sempre elogiando e dizendo que o programa era muito bom, que todo mundo gostava muito de acompanhá-lo. Sei que você deve estar se perguntando: que cartas de fã-clube? Pois é, eu escrevia todos os dias várias cartas com nomes diferentes e lia todas durante o programa.

Nasci numa família muito humilde, com bem poucos recursos financeiros. Sei que Deus tem planos para todos nós, pois, mesmo com a minha mãe analfabeta e o papai com pouco estudo, eu, desde pequena, comecei a ler a Bíblia sozinha. De uma forma inexplicável, eu levava as palavras de Deus como meu alicerce. Estou escrevendo isso, pois, apesar de a minha mãe não ter estudo nenhum, eu e meus irmãos nunca éramos os 'coitadinhos' da escola por não termos todo o material ou o uniforme completo.

> "Todos os dias são difíceis para os que estão aflitos, mas a vida é sempre agradável para as pessoas que têm o coração alegre." **(Provérbios 15:15)**

O sonho é o ponto de partida para se construir uma vida de sucesso e realizações. Mas não basta sonhar, é preciso ter coragem e atitude para superar as dificuldades e vencer os obstáculos. Só tem resultado quem faz!

Eu nunca liguei de não ter calçados para ir à escola, usava apenas chinelos consertados, demorei para ter um tênis para ir à escola. Mas sempre fui a queridinha da classe, meus professores e meus amigos sempre gostaram muito de mim e, na apresentação dos trabalhos, eu era sempre a escolhida, pois era a mais falante e a mais despachada. Não lembro de ter qualquer pessoa que não falasse comigo, não era porque eu era pobre que eu me sentia triste e rejeitada, muito pelo contrário, sempre fui falante e desinibida. Tanto é verdade que era eu quem apresentava os trabalhos do grupo, na frente dos outros alunos.

Eu sempre levei uma vida comum, cresci e muito cedo as brincadeiras cessaram. Logo aos 14 anos de idade comecei a trabalhar com registro em carteira, a conhecida CLT. Em casa era importante que todos trabalhassem para ajudar nas despesas, portanto, se você passou por algo similar, seja bem-vinda ao time. Mas nada me desanimava nem tirava minha vontade de sonhar. Como em toda família humilde, ter um registro em carteira era a garantia de um futuro seguro, assim pensava meu pai.

Meu primeiro trabalho foi numa empresa de discos, era um estoque de discos e CDs que distribuía para 40 lojas. Lógico que eu sonhava em ser capa de algum disco ali. Depois trabalhei em uma revendedora de PABX, depois em uma metalúrgica que fabricava *pagers*, trabalhei em uma empresa de polímeros para calçados, até que engravidei e, naquele momento, eu queria ser mãe e cuidar da minha filha que estava chegando.

Foi nesse momento que resolvi dar um salto no escuro. Eu sempre acreditei que, com muita fé em Deus, tudo daria certo. Então corri atrás para não deixar tudo nas mãos Dele, afinal, ele disse "Faça sua parte e eu lhe ajudarei". E foi assim que pedi as contas e comecei uma nova jornada.

Você deve estar se perguntando: "ah, você fez tudo planejado, não foi?" Risos!

O planejamento foi zero, decidi e fiz. Eu queria viver a infância da minha filha e isso me bastou, muitas vezes planejamos tanto e não fazemos nada. Eu, ao contrário, não planejei, apenas fiz. Lógico que minha família ficou inconformada, pois eu era querida no trabalho, tinha a confiança total dos donos da empresa.

E assim começou a grande empreitada: eu tinha aprendido a fazer crochê na escola e já gostava de fazer artesanato, então escolhi empreender com artesanato. É por isso que eu sempre digo que o artesanato salva vidas. Eu, na minha empreitada de artesã e empreendedora, não vi uma nem dez, mas muitas pessoas relatarem que estavam com depressão e que o artesanato as tirou desta condição, transformando suas vidas.

Assim também foi comigo: eu precisava de uma renda e com o artesanato isso era possível. Meu pai tinha uma pequena banca de jornal no bairro, eu comecei a minha pesquisa ali, com aquelas clientes que já faziam algum artesanato. Naquela época as revistas de passo a passo, que ensinavam várias técnicas, faziam o maior sucesso. A cada venda eu já perguntava tudo sobre aquela técnica.

Depois de algumas pesquisas, eu comecei a fazer camisetas customizadas, conheci uma cliente da banca que fazia esse trabalho para uma loja de grife e pensei que poderia ser um caminho. Aproveitei que minha irmã morava no Japão e perguntei o que ela achava. Ela, superempolgada, disse que lá esse tipo de trabalho faria muito sucesso. Pronto, eu já sabia o que começaria fazer.

Produzi, pesquisei como enviar as camisetas para a minha irmã e, graças a Deus, mais uma vez deu tudo certo.

> "Tudo o que fizerem, façam de todo coração,
> como para o Senhor e não para homens,
> sabendo que receberão do Senhor a recompensa
> da herança." **(Colossenses 3:23-24)**

Enviar as camisetas para o Japão tinha toda uma logística, pois o frete era caro e só compensava enviar se mandasse os 30 quilos permitidos pelos Correios. Eu tinha um problema, pois costurar pedrinha por pedrinha nas camisetas era um trabalho demorado.

> "Um caminho de lutas difíceis, mas, perto
> de Deus, é um caminho de bênçãos."

Desistir não é uma opção, pois sempre aprendemos com as dificuldades. As grandes personalidades que deixaram um legado no mundo passaram por dificuldades! A questão é que essas pessoas não desistiram nem ficaram reclamando, muito pelo contrário, o segredo é enfrentar as dificuldades e tirar sempre uma lição dos erros que a gente comete durante o percurso. Ou dos imprevistos que, muitas vezes, se abatem sobre nós e nos pegam totalmente desprevenidos.

É importante ficar atenta às novidades, às possibilidades, e foi assim que cheguei nos chinelos decorados. Uma amiga que acompanhava meu trabalho foi passar um final de semana na praia e, na volta, me trouxe um chinelo com pedrinhas nas tiras. Eu nunca tinha visto aquele trabalho, então foi ali que comecei um trabalho de investigação. Primeiro eu precisava descobrir como colocaram aquelas pedrinhas na tira do chinelo, então comecei desmontando com cuidado o processo. Pronto, agora eu já sabia que era costurado, que a linha era uma linha de náilon e que as pedrinhas eram exatamente as mesmas das camisetas.

A ideia era fazer um trabalho que fosse mais rápido para executar. Os chinelos, então, foram perfeitos: além de uma novidade, dariam menos trabalho que as camisetas.

E os desafios não param: agora já sabia bordar a tira do chinelo, mas precisava validar o produto. Como era nascida no bairro, me conheciam na padaria, na farmácia, na escola, no posto de saúde... Então eu levei o chinelo 'rebordado', aquele mesmo que desmontei e montei novamente, e comecei oferecer ali mesmo no comércio, principalmente no posto de saúde, onde temos a maior concentração de mulheres.

Para minha surpresa, foi um sucesso! Como eu não tinha dinheiro para investir em chinelos e materiais, pois – pensa comigo! – é grande a quantidade de cores e de numerações, eu precisei, mais uma vez, inovar.

Eu falava, então, para as clientes trazerem o chinelo, eu apenas bordava. Assim foi o começo desse trabalho incrível.

Eu digo sempre: "Quem não é visto não é lembrado!" Guarde esta frase.

Eu já estava fazendo sucesso com meus chinelos, vendendo nos postos de saúde, nos salões de cabeleireiros, na banca de jornal da família... O negócio estava indo de vento em popa.

Fui convidada para participar de uma feirinha na escola da filha de uma cliente da banca de jornal e, claro, lá fui eu com meus chinelos. Nessa feira, conheci uma jornalista que me convidou para fazer uma revista igual às que eu vendia na banca do papai, de passo a passo. Gente, quando Deus faz, Ele faz de maneira extraordinária, Ele faz no capricho, como eu digo sempre. Quando fui para a reunião com essa editora para mostrar meu trabalho com os chinelos, lá mesmo tinha uma funcionária de uma produtora que fazia seleção de artesãs para ensinar suas artes em alguns programas de TV.

Eles produziam kits de artesanato, que eram os produtos que a artesã usava, mais um DVD gravado na própria produtora.

Imagina minha alegria: em um único dia, eu fechei com uma das maiores editoras para fazer todas – sim, todas! – as revistas de chinelos; fechei com a produtora para fazer meu primeiro DVD e assinei um contrato de exclusividade para me apresentar em mais de nove emissoras.

Eu fiquei muito feliz! E foi assim que tudo começou, eu preparei as condições para que tudo isto acontecesse. Eu sempre dei o meu melhor!!!

Quando você deseja de coração e faz a sua parte, Deus vai dando direção para que tudo seja realizado. Pode acreditar, sempre vai ser muito maior do que você imaginou.

Apresentei meus trabalhos, as revistas foram publicadas, em seguida gravei meu primeiro DVD, e logo fui colocada para ir à TV apresentar minha arte. Quando fui apresentar o primeiro DVD na TV Gazeta, vendi mil cópias em oito minutos.

Se eu consegui, você também consegue! É apenas determinação e força de vontade, não é inspiração nem dom. É trabalho árduo e dedicação.

Eu não sou melhor que você, que está me lendo. Eu apenas fiz, não deixei o medo me travar. Você acha que eu não tinha medo? Claro que tinha. Medo de dar tudo errado, de passar vergonha, eu tinha todos os medos que você possa imaginar. Eu sou muito insegura e medrosa, mas o medo é o que mais nos trava e é o motivo mais forte que nos impede de realizarmos os nossos sonhos. Portanto, o medo é parte da nossa estrutura humana, nós apenas não podemos deixar que ele nos paralise. Tá com medo? Vai com medo mesmo!

O tempo passou, os chinelos caíram no gosto do público e muita gente começou a fazer. Foi aí que, mais uma vez, observando, vi um amigo da borracharia do lado da banca fazendo um trabalho nos pneus que, naquele momento, eu achei que daria para fazer nos chinelos. Lógico que ninguém acreditava na minha invenção, o dono da indústria, a produtora, ninguém. Somente eu acreditava, então firmei o pé até ser desafiada e, morrendo medo, aceitei o desafio: vender as máquinas numa feira de artesanato.

Acertamos de fazer cem máquinas e fomos para a feira. No primeiro dia, o dono da indústria disse: "estou com dó de você, por isso fiz apenas 40 máquinas, se você vender todas eu coloco o turno da noite para trabalhar e faço mais para amanhã. Eu não quero te prejudicar, vi que você é querida pelo pessoal da produtora, e assim o prejuízo será menor."

Me lembro como se fosse hoje: ao final do primeiro dia da feira, eu liguei para o dono da fábrica e ele respondeu "Já sei, não vendeu nenhuma máquina, certo? E eu não vou precisar fabricar mais". E eu lhe respondi: "já vendi as 40 que o senhor deixou hoje cedo e tenho mais cinco encomendadas e pagas." E não parou mais, somente na produtora vendi mais de 100 mil máquinas, segundo auditoria independente do Sebrae. Portanto, não sou eu que estou falando, mas uma auditoria contratada pelo Sebrae.

Com o meu trabalho, eu ajudei mais de 100 mil famílias a terem renda dentro de suas casas, fui premiada pelo Sebrae como mulher empreendedora em 2017 e em 2021 fui premiada pela Associação Comercial de São Paulo como mulher empreendedora revelação.

Gente, não existe sorte, existe trabalho duro!

O ano de 2017 foi muito movimentado: eu saí da empresa que ajudei a crescer; iniciei um projeto com uma empresa que tinha uma parceria com o Artesanato Na Rede e comecei meu trabalho na internet, fazendo lives como apresentadora e moderando videoaulas de outras artesãs. Fomos o primeiro veículo a fazer este tipo de trabalho. Nesse período, conheci meu marido.

Desde 2017 venho estudando marketing digital e vendas pela internet, além de estudar e usar as redes sociais para vender e comunicar com o público.

Minha missão é ajudar pessoas e microempresárias a gerarem renda e a melhorarem de vida em todos os sentidos. Neste último ano, fiquei muito feliz de poder ajudar mulheres em risco dando um workshop de customização de peças rápidas e lucrativas. O melhor foi que algumas dessas mulheres mudaram de vida com a minha aula. Não tem nada que pague esse resultado de poder ver a mudança na vida das pessoas, mesmo que sejam apenas algumas.

Deixe o seu legado, tenha um bom propósito e sua vida será muito melhor! Não há sorte, apenas trabalho árduo e força de vontade. Se você não sabe aonde quer ir, qualquer direção serve. Sonhe como uma criança, mas execute como um profissional!

> "E não nos cansemos de fazer o bem, pois no tempo próprio colheremos, se não desanimarmos." **(Gálatas 6:9)**

**ANDREIA BASSAN
(ANDREIA BASÍLIO DOS SANTOS AROUCA)**

Empresária, apresentadora e artesã. Expert em vendas, consultora e mentora.

CONFIA EM DEUS, MULHER!

Você é forte, capaz e merecedora de toda sorte de bênção celestial. Levanta a cabeça, sacode a poeira, recupere-se com dignidade e coragem, corra atrás dos seus sonhos. Deus está contigo e, para Ele, nada é impossível. Acredite, tenha fé, a sua história não acabou. Os dias difíceis passarão! Novas oportunidades te alcançarão. Você nasceu para ser feliz.

Confie em Deus mesmo sem entender, tenha esperança mesmo sem ver, tenha fé mesmo em circunstâncias contrárias.

Você pode pensar que não tem mais jeito, que não há uma saída, que passou o tempo, que é impossível ou que não merece, mas o tempo para todas as coisas chega.

Promessas não morrem, aquilo que Deus lhe prometeu há um, três, cinco anos ou mais vai acontecer. Você vai comer à mesa do Rei, vai ver o mar se abrir, chegará à Terra Prometida e verá o milagre acontecer.

Deus trabalha em silêncio, planeja em oculto e honra em público.

YLA FERNANDES
Escritora cristã

CONSIDERAÇÕES FINAIS

Mulher, por maior que sejam os seus problemas ou por mais difíceis que sejam os seus dias, não permita que as suas emoções se descontrolem a ponto de dominarem os seus pensamentos e afetarem a sua autoestima. Faça um acordo com os seus olhos para que eles foquem apenas no que realmente importa para você e siga.

Mantenha-se sempre protegida em oração e não abra mão da sua paz e do seu direito de ir e vir por nada. Se possível for – e creio eu que basta um esforço maior da sua parte –, não se prenda a um passado que só lhe causou dor. Se resgate de deduções alheias, se liberte de mágoas e ressentimentos, perdoe, se perdoe e esteja sempre pronta para um novo começo.

Às vezes, precisamos perder para ganhar. Costumo chamar essas perdas necessárias de livramentos, sinais, oportunidades incompreendidas, talvez, mas divinamente incríveis. A sua felicidade está além de qualquer sofrimento. Lembre-se sempre de quem você é e a quem você pertence.

Sabe, mulher, nem tudo são flores nessa vida, nem todos nos amarão como realmente queremos, nem todos permanecerão do nosso lado ou serão fiéis a nós. Pessoas falham, relacionamentos acabam, decepções acontecem, cansaços chegam, mas, em todo o tempo, o Senhor é bom, e Ele jamais te deixará só. Considere-se uma vencedora e cuide-se.

Se tem uma coisa que nos resgata das aflições diárias, embora alguns pensem ser futilidade, é cuidar do nosso corpo, é querer estar sempre linda, é poder se olhar no espelho e se admirar, é gostar de si mesma sem esperar a aprovação de pessoas com gostos diferentes dos nossos. Sei que nem sempre o dia está bonito dentro de você, mas se esforce por você e por tudo aquilo em que você acredita.

A sua história Deus já escreveu. Mesmo que você se perca em alguns percursos, acredite, sua fé sempre te fará retornar para o caminho certo, ao qual dá-se o nome de destino.

Mulher, você é muito incrível! Nunca duvide do seu potencial. Torço e oro por você.

Vai me dando notícias, viu?!

CRIVO EDITORIAL
Rua Fernandes Tourinho, 602, sala 502
30.112-000 // Funcionários // BH // MG

- crivoeditorial.com.br
- contato@crivoeditorial.com.br
- facebook.com/crivoeditorial
- instagram.com/crivoeditorial
- crivo-editorial.lojaintegrada.com.br